KB161714

그림으로 읽는
제2차 세계대전
⑨

일본의 남방 작전과
태평양 전역 2

第二次世界大战史连环画库 25, 26

Copyright ⓒ 中国美术出版总社连环画出版社, 2015; 绘画: 陈玉先 等
Korean translation copyright ⓒ Korean Studies Information Co., Ltd., 2016
Korean translation rights of 《History of World War II》(33 Books Set)
arranged with China Fine Arts Publishing Group_Picture-Story Publishing House directly.

그림으로 읽는
제2차 세계대전 9

초판인쇄 2016년 10월 10일
초판발행 2016년 10월 10일

글 천팅이陳廷一, 자오리성趙力生
그림 쑤이치隋奇, 야오제姚傑, 젠청建成, 후위안준胡遠駿, 가오딩高丁
옮긴이 한국학술정보 출판번역팀
번역감수 안쉐메이安雪梅

펴낸이 채종준
기 획 박능원
편 집 박미화, 이정수
디자인 이효은
마케팅 황영주

펴낸곳 한국학술정보(주)
주소 경기도 파주시 회동길 230(문발동)
전화 031 908 3181(대표)
팩스 031 908 3189
홈페이지 http://ebook.kstudy.com
E-mail 출판사업부 publish@kstudy.com
등록 제일산-115호 2000. 6. 19

ISBN 978-89-268-7484-4 94910
      978-89-268-7466-0 (전 12권)

이 책의 한국어판 저작권은 中国美术出版总社连环画出版社와 독점계약한 한국학술정보(주)에 있습니다.
저작권법에 의하여 한국 내에서 보호를 받는 저작물이므로 무단전재와 복제를 금합니다.

그림으로 읽는
제2차 세계대전
9

일본의 남방 작전과 태평양 전역 2

글·천팅이(陳廷一) 외
그림·쑤이치(隋奇) 외

이담
Books

전역별 지도

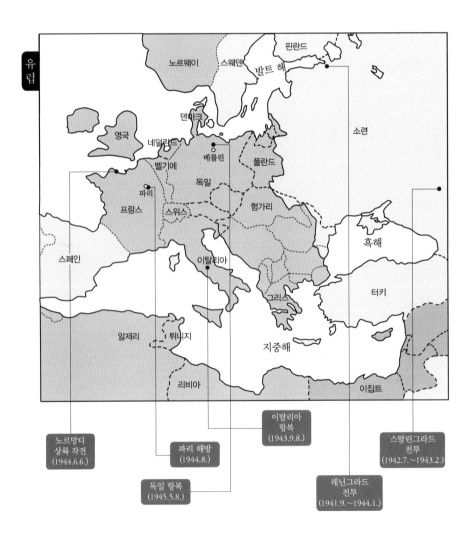

유럽

핀란드
노르웨이 스웨덴 발트 해
덴마크 소련
영국 네덜란드 베를린 폴란드
벨기에 독일
파리 헝가리 흑해
프랑스 스위스
스페인 이탈리아
그리스 터키
알제리 튀니지 지중해
리비아 이집트

노르망디
상륙 작전
(1944.6.6.)

파리 해방
(1944.8.)

독일 항복
(1945.5.8.)

이탈리아
항복
(1943.9.8.)

레닌그라드
전투
(1941.9.~1944.1.)

스탈린그라드
전투
(1942.7.~1943.2.)

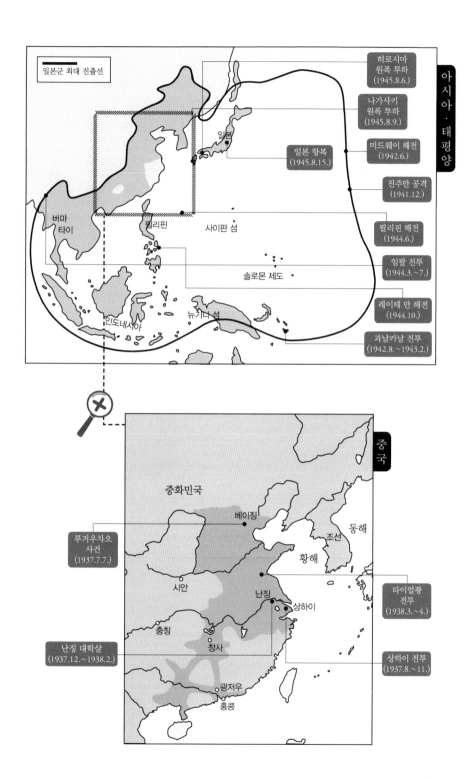

머
리
말

1945년 9월 일본 군국주의의 '무조건 항복'으로 막을 내린 제2차 세계대전이 종식된 지도 40여 년이 지났다. 세계대전이라는 대참사를 겪은 사람들 대다수는 피비린내 나던 그 세월을 잊을 수 없을 것이다. 제2차 세계대전은 유럽, 아시아, 아프리카, 오세아니아 등을 휩쓸었으며, 당시 전 세계 인구의 4분의 3에 달하는 20억 이상이 전쟁에 휘말렸다. 정확한 통계는 어렵지만, 사망자는 대략 5천만 내지 6천만으로 제1차 세계대전과 비교해서 4배가 넘었으며, 전쟁에서 소모되거나 파괴된 자산은 무려 4천억 달러에 이른다. 주요 전장(戰場) 중 한 곳이었던 중국은 일본 파시즘과의 장기전에서 커다란 희생을 치르고 마침내 승리할 수 있었다. 이 승리는 광명이 암흑을 몰아낸 승리이자 정의가 불의를 이겨낸 승리였는데 평범치 않은 역사에는 뒷사람들이 기리는 빛나는 사적과 더불어 몸서리쳐지는 잔혹한 범죄들도 존재했다. 오늘날 이 모든 것은 한 가닥 연기처럼 사라져 기억 속의 옛 자취가 되었다. 그러나 이러한 역사가 되풀이되지는 않을까? 또다시 똑같은 참사가 발생하지는 않을까? 이와 같은 고민은 전쟁의 상처를 고스란히 떠안은 우리 세대와 평화를 사랑하고 정의를 추구하는 개개인이 진지하게 심사숙고해야 할 문제이다.

중국연환화출판사에서 발간한 『제2차 세계대전사 연환화고(連環畫庫)』는 더 많은 독자가 제2차 세계대전의 전반적인 역사를 이해하기 쉽도록 풍부한 그림과 글로 세계대전의 전체 과정과 그중 중요한 전투를 재현했다. 일찍이 루쉰(魯迅) 선생이 '계몽의 예리한 도구'라 극찬한 연환화(連環畫)*는 중화인민공화국 수립 이후 지난 40년간 신속한 발전을 가져와 대중들에게 중요한 정신문화로 자리 잡았다. 독자층이 넓어지고 제재도 풍부해지면서 형식과 표현에서 진일보한 연환화는 예술적 감상과 오락적 기능을 넘어 지식을 전달하거나 교육 자료로 이용되는 등 여러 방면에서 활용되고 있다. 아무쪼록 본 시리즈가 독자들이 역사적인 사실을 배우고 이해하는 데 도움이 되길 바라며, 전쟁 도발자들의 추악한 면모와 야욕을 알고 평화와 정의를 수호하는 일이 얼마나 위대한 것인가를 깨닫기 바란다.

1989년 12월
장웨이푸(姜維朴)

---

* 연환화(連環畫): 여러 폭의 그림으로 이야기나 사건의 전체 과정을 서술하는 회화를 말하며 연속만화, 극화(劇畫)라고도 한다. 20세기 초 상하이에서 발전하기 시작했으며 문학작품을 각색하거나 현대적인 내용을 제재로 한다. 간단한 텍스트를 엮은 후 그에 걸맞은 그림들을 그리는데, 보통 선묘를 위주로 하며 간혹 채색화도 있다.

차례

2

연
표

1929년
- 10.24. 뉴욕 증시 대폭락으로 세계 경제대공황 시작

1931년
- 09.18. 만주사변(~1932 02.18.), 일본 승리

1933년
- 01.30. 히틀러, 독일 수상에 취임
- 03.04. 루스벨트, 미국 대통령에 취임

1937년
- 07.07. 루거우차오 사건(~07.31.), 일본 승리
- 08.13. 상하이 전투(~11.26.)
- 12.13. 일본의 난징 점령과 대학살(~1938.02.)

1938년
- 03.12. 독일, 오스트리아 합병
- 03.24. 타이얼좡 전투(~04.07.), 중화민국 승리
- 09.30. 뮌헨 협정(영·프·독·이)

1939년
- 03.15. 독일 체코슬로바키아 해체, 병합
- 08.23. 독일·소련 불가침조약
- 09.01. 독일의 폴란드 침공으로 제2차 세계대전 발발
- 11.30. 소련 – 핀란드 겨울 전쟁(~1940.03.13.)

1940년
- 05.10. 처칠, 영국 총리에 취임
- 05.26. 영·프 연합군의 됭케르크 철수(~06.03.)
- 09.27. 독일·이탈리아·일본 3국 동맹

1941년
- 06.22. 독일의 소련 침공으로 독소전쟁 발발
- 09.08. 레닌그라드 전투(~1944.01.27.), 소련 승리
- 12.07. 일본의 진주만 공습(태평양전쟁 발발)

1945년
- 02.19. 이오 섬 전투(~03.26.), 미군 승리
- 03.10. 미국의 일본 도쿄 대공습
- 04.01. 오키나와 전투(~6.23.), 미군 승리
- 04.28. 무솔리니 공개 처형
- 04.30. 히틀러 자살
- 05.08. 독일 항복
- 08.06. 히로시마 원자폭탄 투하
- 08.09. 나가사키 원자폭탄 투하
- 08.15. 일본 항복

1944년
- 03.08. 임팔 전투(~07.03.), 연합군 승리
- 06.06. 노르망디 상륙 작전
- 06.11. 사이판 전투(~07.09.), 미군 승리
- 06.19. 필리핀 해전(~6.21.), 미군 승리
- 08.26. 파리 해방
- 10.23. 레이테 만 해전(~10.26.), 연합군 승리
- 09.15. 펠렐리우 전투(~11.27.), 미군 승리
- 12.16. 벌지 전투(~1945.01.25.), 연합군 승리

1943년
- 09.08. 이탈리아 항복
- 11.22. 카이로 회담(1차 11.22.~26. / 2차 12.02.~07.)

1942년
- 01.31. 싱가포르 전투(~02.15.), 일본 승리
- 06.04. 미드웨이 해전(~06.07.), 미군 승리
- 07.17. 스탈린그라드 전투(~1943.02.02.), 소련 승리
- 08.07. 과달카날 전투(~1943.02.09.), 연합군 승리

해럴드 알렉산더(Harold Alexander, 1891.4.12. ~ 1969.3.16.)

영국의 군인이자 정치가로 제2차 세계대전 기간 거의 모든 전투에서 중요한 역할을 담당했다. 됭케르크와 미얀마에서의 철수 작전을 지휘했고, 북아프라카 전선에서는 최고사령관으로서 영국군과 미군의 합동 작전을 잘 이끌어 롬멜의 전차 군단을 궤멸시켰다. 또한 영미 연합군의 시칠리아 공격을 지휘해, 1944년 6월 4일, 로마를 점령했다. 종전 후 1946년 4월부터 1952년 2월까지 캐나다의 제17대 총독을 지냈다.

윌리엄 홀시

(William Frederick Halsey, Jr., 1882.10.30. ~ 1959.8.16.)

미국 해군 제독으로 태평양전쟁 때 제3함대 사령관이었다. 레이테 만 해전 당시 일본 해군 중장 오자와 지사부로(小澤治三郎)의 유인 작전에 넘어가 미군 상륙 부대가 괴멸될 뻔했고, 이후 태풍에 안일하게 대처하는 바람에 함대에 큰 피해를 줘 군법 회의에 소환되기도 했다. 그러나 과달카날 해전에서 승리하는 데 일조했고, 일본이 항복할 때까지 태평양함대의 전투부대를 진두지휘했다. 그의 전함인 미주리호에서 일본이 항복 문서에 서명했으며, 종전 후 원수로 영전했다.

무타구치 렌야(牟田口廉也, 1888.10.7. ~ 1966.8.2.)

일본 육군 지휘관으로 중일전쟁과 태평양전쟁에 참전했다. 대대장으로서 루거우차오 사건 때 강경 대처를 지시해, 중일전쟁을 확대시키는 데 일조했다. 1943년에는 버마(현 미얀마)를 담당하는 제15군 사령관으로 승진해 임팔 작전을 펼쳤는데, 이는 보급이나 병참을 전혀 고려하지 않은 불가능한 작전이었다. 결국, 작전은 처참한 실패로 끝났고, 6만 5천여 명의 병력 대부분이 질병과 굶주림으로 사망했다. 전쟁이 끝난 후 전범으로 체포됐지만, 무능함으로 오히려 일본군에게 큰 피해를 입힌 점이 참작돼 불기소로 석방됐다.

구리타 다케오(栗田健男, 1889.4.28. ~ 1977.12.19.)

일본 해군 지휘관으로 태평양전쟁 중 여러 작전에 참여해 중장으로 승진했다. 1944년 10월, 레이테 만 전투에서 수송 선단을 공격하라는 임무를 맡았는데, 무방비 상태의 미국 수송 선단을 눈앞에 두고 공격 함대를 그냥 회항했다. '수수께끼의 반전'으로 불리는 이 판단으로 필리핀은 미군에게 넘어갔고, 일본 해군은 함선 대부분을 잃었으며, 태평양에서의 영향력이 약해졌다.

태평양전쟁을 일으킨 지 얼마 안 돼 일본은 중국 대륙을 봉쇄하기 위해 중국
으로 통하는 유일한 국제원조 수송로인 덴멘(滇緬) 도로를 차단하는 한편 인
도를 공격했으며, 1942년 1월 초에는 버마를 침략했다. 당시 중국 정부는 원
정군을 버마에 파견해 영국 - 인도군과 함께 일본 침략자들과 격전을 벌였으
나, 작전상 문제로 버마는 일본군에 점령되고 말았다. 1944년 3월, 일본군이
또다시 인도 국경의 임팔을 공격했는데 중 · 영 연합군에 참패를 당했다.

글 · 천팅이(陳廷一)

그림 · 쑤이치(隋奇) · 야오제(堯傑) · 젠청(建成)

그림으로 읽는 제2차 세계대전 ❾

일본의 남방 작전과 태평양 전역 2

버마 및 임팔 전역

1

1941년 12월 8일, 일본은 미국 진주만을 기습하는 동시에 태국, 말라야, 필리핀, 괌, 길버트 제도 및 홍콩을 공격하고 곧이어 동인도 제도와 버마에도 군대를 파병했다.

버마는 동북쪽으로 중국과 잇닿아 있고 서북쪽으로 인도, 동남쪽으로는 태국·인도차이나 등과 이웃하고 있는, 중국과 태평양으로 나아가는 서대문으로 매우 중요한 전략적 위치에 있는 나라이다.

일본이 버마를 점령하려는 주요 목적은 미·영이 중국 군대를 원조해주는 통로인 뎬뎬 도로를 차단해 중국 후방을 위협함으로써 하루빨리 중국과의 전쟁을 종결짓고자 하는 것이었다. 뎬뎬 도로는 중국 쿤밍(昆明)에서 버마 라시오로 이어지는, 당시 중국 정부가 지원 물자를 받기 위해 부설한 유일한 국제 도로였다.

1941년 12월 8일, 일본 제15군단은 방콕에 상륙해 태국을 장악한 후 12월 19일부터 버마 남부 영국 공군기지를 폭격하고 남쪽의 테나세림 지역 비행장 3곳을 점거해 양곤을 공습할 수 있는 기지를 마련했다.

일본 제15군단은 태국 · 버마 국경에 군대를 집결시켜 도로를 부설하고, 버마 친일분자들
에게 버마를 전면 침략하기 위한 훈련을 시켰으며, 동시에 수도 양곤에 대한 폭격을 강화
해 수비군의 방어진지를 파괴했다.

당시 버마 방위를 맡은 영국 인도 주둔군 총사령관 겸 인도 - 버마 전선 사령관 웨벨 상장
은 허턴 중장을 버마 전선 사령관으로 파견하고, 빈약한 병력을 증원하기 위해 3개 영국 -
인도 여단을 영국 - 인도군 제17사단으로 편성해 스미드 소장을 지휘관으로 하여 버마 전
선으로 보냈다.

영국은 또 아프리카 전장에서 영국 제7기갑여단, 영국 – 오스트레일리아 제63여단을 차출해 버마로 이동시켰다. 이렇게 해서 버마 방어 총병력은 4만 명으로 증가했고 작전비행기도 40여 대가 마련됐다. 이들 부대는 모울메인, 앙곤, 만달레이 등지에 배치돼 일본군과의 전투에 대비했다.

1942년 1월 초, 일본군은 제15군단 군단장 이이다 쇼지로(飯田祥二郎) 중장 휘하 다케우치(竹內) 중장 제55사단 및 사쿠라이 쇼조(櫻井省三) 중장 제33사단을 주력으로 태국에서 버마로 침입해 각기 남부 타보이와 모울메인을 공격했다.

다케우치와 사쿠라이 2개 사단의 보병은 코끼리가 터놓은 길을 따라 행군했다. 1월 4일, 다케우치 제55사단에서 먼저 파견한 부대에서 갈라진 소규모 부대가 태국 남부의 깐차나부리 부근에서 버마 국경으로 돌격해, 19일, 버마 남부 요충지인 타보이를 손쉽게 탈취했다.

1월 20일, 제55사단 주력부대가 매솟 부근에서 버마로 진입해 28일부터 모울메인을 공격하기 시작했다. 다케우치는 주력을 이끌고 동쪽에서 공격하고, 타보이를 점령한 소규모 부대가 남쪽에서 협공해 수비군을 짜익탄란 대사원으로 몰아넣었다.

영국 – 인도군은 사원 앞의 555개 계단 위에서 아래로 사격하고, 일본군은 죽음을 무릅쓰고 아래에서 위쪽으로 돌격했다. 이틀 밤낮의 접전 끝에 영국 – 인도군이 밀려 후퇴했다. 30일, 일본군은 버마에서 세 번째로 큰 도시인 모울메인을 점령했다.

다케우치의 제55사단은 승세를 몰아 천연 방어선인 살윈 강을 건너 맞은편의 마르타반 성을 점령했다. 그리고 성안의 대창고에서 쌀 5만 자루를 찾아내 일본군의 식량 부족을 해결하는 동시에 다음 단계 전투 준비를 했다.

사쿠라이는 제33사단 주력을 이끌고 샨 산을 넘어 버마로 진입해 살윈 강변의 파안 시로 진격했다. 수비군 장성 스미드 장군은 영국 – 인도군 제17사단과 영국 제7기갑여단을 이끌고 공격했으며, 쌍방 간 전차 접전에서 일본군이 밀렸다.

사쿠라이는 야간습격 전술로 변경했고, 2월 4일 새벽 4시, 소속 하라다(原田)의 연대가 어둠을 틈타 영국 – 인도군 후방에 잠입해 전차 대열을 흩트려 놓아 영국군 수비군이 혼란에 빠진 사이 파안 시를 점령했다. 사쿠라이 부대는 신속하게 살윈 강을 건너 시탕 강으로 향했다.

2월 22일, 하라다의 연대는 영국 – 인도군 제17사단 북측에, 다른 한 갈래인 사쿠마(作間)의 연대는 남측에 잠입해 대포 소리를 신호로 동시에 영국 – 인도군을 급습했다.

스미드의 제17사단은 버티지 못하고 시탕 강변으로 철수했지만 철도교가 일본군에 의해 폭파돼 있었다. 방대한 너비의 급류와 마주한 병사들은 뗏목 또는 기름통 같은 것에 의지하거나 헤엄쳐 강을 건너야 했고, 많은 병사들이 사살되거나 익사했다. 오직 1천3백 명만이 소총과 기관총을 들고 강을 건너 통구로 도망쳤다.

사쿠라이 제33사단은 영국군 시탕 강 방어선을 돌파했다. 시탕 강은 수도 양곤에서 100km 밖에 떨어지지 않았으며 양곤 – 만달레이 철도까지는 50km 정도 남겨둔 지점이었기 때문에 버마 전선 영국군 사령관 허턴 중장 및 소속부대는 놀라 어쩔 줄 몰라 했다.

영국군은 인도 – 버마 전선에 더는 증원할 병력이 없었으므로, 처칠 수상이 커틴 오스트레일리아 총리에게 아프리카에서 교체돼 돌아오는 1개 사단을 양곤으로 보내줄 것을 요청했다. 그러나 커틴은 네덜란드령 동인도가 이미 일본군에 점령돼 본토가 위급한 상황이었기 때문에 처칠의 요구에 응하지 않았다.

영국은 중국에도 협조를 요청했는데, 중국 정부는 뎬몐 도로의 교통 안전을 확보하기 위해 제5군, 제6군, 제66군 총 약 10만 명을 중국 원정군 제1로군으로 편성해 버마에 파견하는 것에 동의했다.

2월 하순, 중국 정부는 정식으로 '중국 원정군 제1로군 장관사령부'를 구성하고, 뤄줘잉(羅卓英), 두위밍(杜聿明) 장군을 각각 정·부 사령관에 임명해 즉시 버마로 증원 보냈다. 동시에 당시 중국 전장 연합군 참모장이었던 미국 장군 스틸웰에게 버마 원정군의 작전을 지휘하게 했다.

일본군은 남방방면군 사령관 데라우치 히사이치(寺內壽一) 대장이 와타나베 마사오(渡邊正夫) 중장의 제56사단과 무타구치 렌야(牟田口廉也) 중장의 제18사단을 버마 전선으로 보내 이이다 쇼지로 사령관이 지휘하게 했다. 이로써 버마의 일본군 병력은 4개 사단 총 6만 내지 7만 명으로 증가했다.

3월 5일, 영국도 프랑스 됭케르크 철수 작전에서 후미 방어 및 경계를 맡았던 영웅 해럴드 알렉산더 상장을 버마 전선 사령관으로 임명해 양곤에 파견하고 허턴 중장을 참모장으로 전임시켰다. 알렉산더는 부임한 후 양곤을 최대한 지키되 실패할 경우 북쪽으로 철수해 버마 북부 지역을 지키라고 명령했다.

새로 증원된 와타나베와 무타구치 사단은 반드시 바닷길로 양곤에 상륙해야 했으므로 일
본군은 빨리 이 항구 도시를 점령해야 했다. 이이다 사령관은 다케우치의 제55사단에게는
버마 동쪽에서 북상해 남하하는 중국 원정군을 저지하고, 사쿠라이의 제33사단에게는 서
쪽에서 신속히 양곤을 점령하라고 명령했다.

사쿠라이는 제33사단을 이끌고 3월 초 시탕 강의 서쪽에 있는, 양곤에서 60km 정도 떨어
진 버마의 제4대 도시인 바고 시로 돌진했다. 3월 5~7일, 사쿠라이 소속부대는 바고 교외
도로에서 행군 중이던 영국군 종대를 측면 공격해 영국군 최강 기계화부대 제7기갑여단을
격파하고 바고 시를 점령했다.

제7기갑여단은 사쿠라이의 제33사단과 치열한 전투를 벌였으나 부대의 사기가 떨어져 패했으며, 알렉산더는 양곤에서의 철수를 결정했다. 3월 6일, 영국 – 인도군은 두 갈래로 나눠, 한 무리는 시탕 강을 따라 북상해 만달레이 일대의 중국 원정군 쪽으로 가고, 다른 무리는 이라와디 강을 따라 북쪽으로 이동하기로 했다.

3월 6일, 일본군은 양곤 영국군이 만달레이와 프롬으로 보낸 "빨리 화물차를 보내주시오"라는 내용의 전보를 가로챘다. 이는 알렉산더 버마 전선 사령관이 내린 양곤에서의 철수 명령이었다.

7일 저녁 9시, 전보 내용을 눈치챈 사쿠라이는 즉시 소속부대에 양곤 공격 명령을 내렸다. 하라다 연대는 빅토리아 호의 동쪽을 공격하고 사쿠마 연대는 밍글라돈 비행장을 공격해 양곤을 동서 양쪽에서 협공했다. 적에게 포위된 양곤 수비군은 프롬으로 가는 길에서 돌파 구를 찾아 겨우 포위를 뚫었다.

8일, 양곤이 함락됐다. 사쿠라이의 부대가 양곤 시내로 들어섰을 때, 영국 공관의 탁자에는 치우지도 못한 아침식사가 그대로 놓여 있었고, 부두 창고에는 양주가 산처럼 쌓여 있었 다. 사쿠라이는 부대에 하루의 휴가를 주고 마음껏 즐기게 했다. 이로써 일본군은 해상으 로의 보급 항구와 공군기지를 얻게 됐다.

와타나베의 제56사단과 무타구치의 제18사단, 이외 2개 전차연대가 버마에 도착했고, 공군 비행기도 5백여 대로 늘어났다. 제15군단 군단장 이이다는 남방방면군 총사령관의 명령에 따라 만달레이 공격을 결정하고, 5월 말까지 중·영 연합군 주력을 섬멸하기 위해 세 갈래로 나눠 북쪽으로 진격했다.

중앙은 무타구치의 제18사단과 다케우치의 제55사단이 양곤 – 만달레이 철도를 따라 만달레이를 공격하고, 서쪽은 사쿠라이의 제33사단이 이라와디 강을 따라 프롬, 예난자웅을 거쳐 만달레이 좌익을 측면 공격하며, 동쪽은 와타나베의 제56사단이 마우치, 타웅지를 거쳐 직접 라시오를 공격하기로 했다.

일본군이 세 방향에서 북진하고 있을 때, 영국군 알렉산더 사령관은 소속부대를 이끌고 서쪽 프롬 일대에 집결해 이라와디 강을 따라 인도 방향으로 철수하려 했다.

알렉산더는 중국 원정군이 영국 – 인도군의 정면과 동쪽 각 지점의 방어 임무를 맡아줄 것을 요구했다. 이렇게 해서 중국 원정군은 버마에 들어서자마자 제일선으로 떠밀려 이후 제2차 버마 방어전의 주력군이 됐다.

중국 원정군은 지시를 받은 후 즉시 제5군 군단장 두위밍이 소속 다이안란(戴安瀾)의 제 200사단, 료야오상(廖耀湘)의 신편(新編) 제22사단, 위사오(餘韶)의 제69사단을 이끌고 양곤에서 북쪽으로 250km 떨어진 퉁구, 만달레이 일대를 방어하면서 정면 전선에서의 주력이 됐다.

간리추(甘麗初) 제6군 군단장은 소속 펑비성(彭壁生)의 제49사단, 뤼궈촨(呂國銓)의 제93사단, 천몐우(陳勉吳)의 잠편(暫編) 제55사단을 태국·버마 변경의 켕퉁 및 마우치 등 광범위한 지역에 분산시켜 지키도록 했다.

얼마 뒤, 장전(張軫) 제66군 군단장이 소속 쑨리런(孫立人)의 신편 제38사단, 류버룽(劉伯龍)의 신편 제28사단 및 마웨이지(馬維驥)의 신편 제29사단을 이끌고 버마에 진입해 만달레이, 라시오 일대를 지키며 예비부대로 주둔했다.

중국 원정군 소속 제5군단의 선두부대 제200사단은 밤낮없이 행군한 끝에, 3월 8일 퉁구에 도착했다. 영국 버마 주둔군은 제200사단이 미처 배치를 마치기도 전에 퉁구에서 전부 철수했다.

제200사단은 제5군단의 주력으로 기병연대, 공병연대, 평사포대대 등이 배치돼 있었다. 사단장 다이안란 장군은 통구를 접수한 후 즉시 기병연대, 보병, 공병을 파견해 통구 남쪽으로 50km 떨어진 피유 강가에 전초진지를 구축하고 일본군을 기다렸다.

이러한 상황을 전해들은 이이다 일본군 제15군단 사령관은 참모장, 작전주임 그리고 각사단장 및 주임참모들을 불러 5일 동안 회의를 가진 후 만달레이 공격 명령을 내렸다.

다케우치 제55사단은 철도와 도로를 따라 무턱대고 돌진하다가, 19일 동틀 무렵 피유 강변에서 중국 원정군 제200사단의 매복습격을 받아 전초소대가 전멸했다. 중국 원정군은 사살된 요코타(橫田) 대좌의 몸에서 찾아낸 작전지도, 일기 등에서 적군 상황을 얼마간 파악할 수 있었다.

중국 원정군 소속 두위밍 제5군 군단장은 적군 상황을 분석한 후 퉁구 작전 계획을 세우고 병력을 집중시켜 퉁구에서 적군을 전멸시키고 영국군과 함께 양곤을 탈환하기로 했다.

퉁구 전투를 위해 제200사단은 오크트윈에도 전초진지를 구축했다. 또한 3월 20일 이후 포병과 공군의 엄호를 받으며 맹공격을 퍼붓는 일본군 2개 연대를 계속해서 격퇴시켰는데, 이는 일본군이 버마에 진입한 후 부딪힌 가장 완강한 저항이었다. 24일, 일본군은 비행장을 점령했다.

다케우치 사단은 제200사단 진지 아래쪽에 굴을 파고 이를 이용해 중국 원정군의 요새 일부를 폭파시켰으며, 동시에 비행기와 대포로 퉁구 성을 무차별 공격해 퉁구를 폐허로 만들려 했다.

제200사단 사단장 다이안란 장군은 전투에 앞서 만약 사단장이 전사하면 부사단장이 지
휘하고, 부사단장이 전사하면 참모장이 지휘권을 이어받으며, 참모장이 전사하면 연대장
이 지휘하라는 유언을 남겼다. 전 사단 각급 간부들도 이를 본받아 퉁구와 생사를 같이하
기로 했다.

3월 25일 새벽녘, 일본군은 남, 북, 서 세 방향에서 퉁구에 대한 총공세에 나섰다. 1개 기계
화연대를 포함한 일본군 와타나베 제56사단이 28일에 합류해 퉁구를 포위하려 했다. 중국
원정군은 신편 제22사단을 퉁구 북쪽에 파견해 저지했다. 이에 일본군은 수세를 취하고
주력은 여전히 제200사단을 매섭게 공격했다.

일본군은 보병, 포병, 공군을 포함한 2개 사단 주력을 집중시켜 협공했으며, 미란성 가스도 사용했다. 제200사단이 퉁구를 20여 일이나 지키고 있는 동안 서부전선의 영국 - 인도군은 움직이지 않았다. 사단 전체에 보급이 중단되고 병사들의 피해가 막심했으며 증원도 받을 수 없는 상황이라 전멸될 위기에 몰렸다.

29일 밤, 두위밍 군단장은 제200사단에 적의 포위를 뚫으라고 명령했다. 다이안란 사단장은 부대에 적군을 공격하는 척하라고 명령하고, 직접 소수 병력을 이끌고 후미 방어를 하며 주력부대의 시탕 강 도하를 엄호했다. 30일 아침, 사단 병력 전체가 질서 정연하게 예다세 부근으로 이동해 명령을 기다렸다.

통구를 점령한 일본군은 이번 전투에서 많은 사상자가 나온 다케우치 제55사단의 병력 손실이 심각해 무타구치 제18사단이 중앙 돌격 일본군의 주력이 돼 만달레이로 진격했다.

서부전선에서 사쿠라이의 제33사단은 이라와디 강을 거슬러 올라가 프롬을 공격했다. 영국군과의 접전 끝에 일본군은 쉐다웅 기지에서 영국군 전차 18대를 포획해 제1전차대에 편입시켜 전차 36대, 장갑차 80대를 보유한 기계화부대를 구성하고, 4월 2일 프롬 시를 점령한 후 예난자웅을 향해 나아갔다.

4월 중순, 사쿠라이는 소속부대를 이끌고 영국 – 인도군을 추격해 예난자웅 유전 북쪽 지역에서 영국 – 인도군 7천여 명을 포위했다. 함께 포위된 알렉산더 장군은 급히 중국 원정군에 구원 요청을 보내 방금 만달레이 동남쪽에 도착한 신편 제38사단을 동쪽에서 서쪽으로 이동시켜 적의 포위망을 제거해달라고 했다.

신편 제38사단 쑨리런 사단장은 제113연대를 파견해 밤새 서둘러 예난자웅 전선에 도착했고, 17일 한밤중에 사쿠라이 소속부대를 공격했다. 이틀 동안 격전을 치른 제113연대는 일본군을 격퇴하고 사령관 알렉산더를 비롯한 7천 명의 영국 – 인도군 병사를 구출한 동시에 예난자웅 유전을 탈환했다.

중국 원정군의 용맹스런 전과에 영국 전체가 들썩거렸다. 영국 신문에서는 이 전투를 일러 "폭풍우가 오기 전 적막한 가운데 한 줄기 맑은 샘물"이라 일컬었다. 영국은 신편 제38사단 쑨리런 사단장 및 제113연대 쑨지광(孫繼光) 연대장 등 여러 명에게 훈장을 수여했다.

알렉산더 소속부대는 위험에서 벗어난 후 급히 인도 방향으로 철수했고, 이에 따라 예난자웅을 수복한 중국 원정군은 진퇴양난에 빠지게 됐으며, 25일 예난자웅은 또다시 함락됐다.

동부전선의 중국 원정군 사령부는 영국군이 잘못 알려온 적의 상황을 그대로 믿고 알렉산더 사령관의 여러 차례에 걸친 요청을 받아 제200사단, 신편 제22사단, 신편 제28사단을 전부 서부전선 캬욱파다웅 지역으로 이동시켜 영국 – 인도군의 철수 작전 후미 방어를 맡겼다.

와타나베의 제56사단은 동부전선 수비 병력이 줄어든 틈을 타 4월 초에 마우치를 점령한 후 강력한 기동쾌속부대를 구성, 매일 120km를 달려 400km을 북상해 곧장 라시오를 공격했다.

4월 20일, 중국 원정군 사령부는 급히 캬욱파다웅에 있는 제200사단을 동부전선의 타웅지로 불러들여 일본군의 전진을 막게 했다. 제200사단이 밤낮으로 왕복 500km 이상을 달려 타웅지 교외에 도착했을 때 타웅지는 이미 하루 전에 일본군에 함락돼 있었다.

타웅지가 적에게 넘어가면서 중국 원정군은 와타나베의 기계화부대에 의해 남북으로 두 동강이 나 상호 연계가 끊어졌다. 4월 29일, 일본군이 라시오를 점령하고 중국 원정군의 귀환 도로를 차단해 각 부대의 만달레이 보위 계획은 틀어졌으며, 중국 원정군 부대는 철수해야만 했다.

중국·영국 양군 장성들은 회의를 거쳐 "만달레이를 사수하지 말고 포기하자"라는 알렉산더의 의견에 따라 철수하기로 했다. 회의 결정에 따라 중국 원정군의 엄호 아래 철수를 시작했으며, 30일, 이라와디 강의 아바교를 폭파하고 대량의 무기와 장비를 버려둔 채 인도·버마 국경 부근 인도 마니푸르 주의 임팔까지 철수했다.

5월 1일, 일본군은 만달레이를 점령했다. 5월 5일, 버마 전선 군사 임무를 협조·지휘하던 스틸웰이 100여 명을 이끌고 서쪽으로 행군해, 20일 인도 변경에 도착했다.

다케우치의 제55사단이 버마 동북쪽의 바모, 미치나를 점령해 멀리 서쪽에 있던 중국 원정군 소속 제22사단과 신편 제38사단이 본국으로 돌아갈 길은 완전히 막혀버렸다. 원정군 사령부는 이 두 사단을 임팔 일대로 철수시키기로 했다.

와타나베의 제56사단 주력은 라시오에서 덴시(滇西)로 쳐들어가, 5월 1일 중국 윈난(雲南) 변경을 침략했으며, 5월 3일에 완딩(畹町)을, 곧이어 망스(芒市)와 룽링(龍陵)을, 10일에는 텅충(騰沖)을 점령하고, 곧 누장 강(怒江) 서쪽 기슭에 이르러 중국 군대와 강을 사이에 두고 대치했다.

중국 원정군 소속 제5군 제96사단은 어쩔 수 없이 인도 - 버마 변경의 쿠몬범 산 일대로 철수해 2개월여 동안 모가웅을 거쳐 가오리궁 산(高黎貢山)을 넘어 천신만고 끝에 귀국했다. 동쪽 길목의 중국 원정군 소속 제6군 각 사단은 살윈 강을 건너 켕퉁을 경유해 윈난 시 쌍반나(西雙版納) 지역으로 철수했다.

제5군 제200사단은 타웅지에서 바모, 남캄으로 철수했다. 5월 17일, 다이안란 사단장은 부대를 이끌고 일본군 봉쇄선을 뚫다가 중상을 입어, 5월 26일 순국했다. 다이안란 장군은 미국 훈장을 받았으며 중국 국내에서는 성대한 추도식이 거행됐다.

중국 원정군 각 부대는 계속 북쪽으로 철수해 모가웅을 거쳐 윈난으로 돌아왔다. 철수 과정에서 보급품 부족과 우기에 홍수가 겹쳐 모기, 말거머리가 기승을 부리면서 질병이 유행해 전투할 때보다 더 많은 병력을 잃었다. 처음에 수십만에 달했던 병력이 8월 초에는 4만 명밖에 남지 않았다. 이렇게 버마 전투가 일단락됐다.

버마 전투가 일단 종결된 후 일본군 이이다 사령관이 6월 초에 군정(軍政)을 선포하면서 '유자나무의 고향', '쌀의 고향', '보석의 고향'으로 이름난 버마에 대한 일본군의 전면적 수탈이 자행됐다. 이에 버마 민중은 들고일어나 다양한 방식으로 항일 투쟁을 벌였다.

일본군이 버마를 점령한 뒤 뎬뎬 도로가 차단되면서 미·영의 중국 지원 물자는 첸노트 장군의 제14항공대가 콜카타에서 험프루트를 거쳐 쿤밍으로 수송하는 노선에 의지해야만 했다. 그러나 비행기 적재량은 한정돼 있어 부대 및 물자 수송이 턱없이 부족했으므로 반드시 새로운 길을 개척해야만 했다.

중국 정부는 중국-인도 도로를 부설하기로 하고 중국 공병 제7·12 연대를 위주로 한중·미 연합 공정부대를 구성해 밤낮없이 서둘러 공사를 진행했다. 이 도로는 인도의 리도에서 시작돼 쿠몬범 산 및 후곤 계곡의 쉰 브웨이 양을 거쳐 남쪽으로 버마 북부 모가웅, 미치나를 가로질러 뎬뎬 도로와 이어졌다.

중국 - 인도 도로 공사가 순조롭게 진행되도록 하기 위해 '도로 부설을 위한 전투'가 재빠르게 전개됐다. 중국 원정군 소속 신편 제38사단은 경계와 엄호 임무를 맡고 일본군과 버마 북쪽에서 치열한 전투를 벌였다.

중국 - 인도 도로 부설 및 반격을 위해 중국은 신편 제30 · 14 · 50 사단을 인도로 공수했고, 인도로 철수한 신편 제38 · 22 사단까지 함께 스틸웰, 정둥궈(鄭洞國)를 정 · 부 총지휘로 한 중국-인도 주둔군을 구성하고 신1군과 신6군으로 재편성했다. 이들은 콜카타에서 집중 훈련한 뒤 인도 북부 리도 지역에 진주했다.

1943년, 영국은 인도 - 버마 전선의 전세가 변함에 따라 윙게이트 준장을 비롯한 1만 2천여 명의 특공돌격대를 파견했다. 이들은 활공기와 다코타식 수송기 100대로 버마 북쪽에 강하해 밀림과 병참선 일대에서 유격 활동을 벌였다.

미국 공군 사령관 아놀드 장군은 미군 코렌 상교와 앨리슨 상교를 파견해 소형 정찰기 200대로 윙게이트 부대에 물자를 공중 투하하고 부상병을 수송하게 했으며, 이를 위해 버마 북쪽에 밀림 비행장을 부설했다.

윙게이트의 돌격대는 버마 북쪽에서 일본군을 수시로 습격하고 도로와 교량을 파괴해 원활한 교통을 방해하는 등 일본군의 일부 병력을 묶어둠으로써 일본군이 인도 공격에 나설 수 없도록 했으며, 동시에 버마 민중의 유격대 활동을 지원해 일본군을 긴장하게 만들었다.

11월, 일본은 버마방면군을 조직하고 가와베 쇼산(河邊正三) 대장을 사령관에 임명했다. 일본군은 3개 군단 병력으로 늘어나 혼다의 제33군단은 버마 동북쪽에, 사쿠라이의 제28군단은 양곤 및 아라칸 지역에, 무타구치의 제15군단은 만달레이 등 중앙지역에 주둔했다. 그러나 일본군은 사방이 적들로 둘러싸여 있었고 여전히 병력이 많이 부족했다.

일본군 신임 버마방면군 사령관 가와베 대장은 인도를 경유한 미·영의 대중국 물자 수송 노선을 차단하고 연합군의 반격을 방지하며 버마 유격 거점을 제거하기 위해 최고사령부에 인도 임팔 공격 작전을 승인해줄 것을 여러 차례 요구했다.

인도 동북부의 임팔, 코히마와 남부 아라칸 지역은 영국-인도군 제14집단군 사령관 슬림 소속 슈나스의 제4군단, 스톱퍼드의 제33군단, 제15군단이 방어를 책임졌는데, 그 시각 제15군단은 남방에서 싸우고 제33군단과 제4군단은 동북쪽 광대한 지역에서 방어하고 있었다.

1944년 1월 7일, 일본 최고사령부는 버마 주둔군의 인도 임팔 공격 계획을 승인하고, 무타구치의 제15군단에 임팔 부근 및 인도 동북부 주요 지역 공격 임무를 맡겼다.

무타구치는 명령을 받은 후 즉시 소속 3개 사단에 임무를 배치했다. 야나기다 겐조(柳田元三)의 제33사단은 임팔 남부 평원을 공격하고, 야마우치 마사후미(山內正文)의 제15사단은 임팔 북쪽으로 우회 공격하며, 사토 고토쿠(佐藤幸德)의 제31사단은 코히마를 습격한 후 남하해 곧장 임팔을 공격하기로 했다.

1944년 3월 8일, 일본군 제15군단 소속 3개 사단과 일본군에 항복하고 총부리를 돌려 잡은 '인도국민군' 사단 총 1만 5천여 명은 세 갈래로 나누어 선박과 대나무 뗏목을 타고 밤낮으로 드넓은 친드윈 강을 건너 인도로 무모하게 돌진했다.

3월 17일, 사토의 제31사단과 보스의 인도국민군 사단이 북쪽의 코히마를 맹공격했다. 사토는 부대를 8개 연대로 나누어 우선 임팔에서 북쪽으로 약 50km 떨어진 우크룰을 공격했다.

영국 – 인도군 제14집단군 사령관 슬림 장군은 사토 부대가 코히마에서 북쪽으로 약 50km 거리에 있는 철도 종착역이자 영국 – 인도군의 유일한 공급 기지인 디마푸르를 공격할 경우를 대비해 급히 스톱퍼드의 제33군단을 이동시켜 디마푸르와 코히마 등 북부지역을 방어하게 했다.

그러나 사토 제31사단은 전력으로 코히마를 향해 진격해, 3월 19일에는 우크룰을 맹공격했다. 전투는 6일 동안 지속됐고, 3월 26일 밤 수비군은 물자 수급이 부족한 탓에 철수할 수밖에 없었다. 일본군은 우크룰을 점령한 후 코히마로 전진했다.

4월 4일, 사토 부대와 보스의 인도국민군 사단 총 1만 5천 명은 세 갈래로 나누어 코히마를 공격했다. 그곳을 지키던 수비군은 1천5백 명뿐이었고, 샤를리즈 상교는 현지의 치안부대와 부상병까지 동원해 저항했다. 이틀 동안 격전을 치렀지만, 6일 코히마가 함락됐다.

임팔을 포위한 일본군 야나기다 제33사단과 야마우치 제15사단은 4월 10일에 임팔 남북 양쪽의 감제고지*를 점령하고 방대한 토목 벙커를 구축해 임팔 주위를 방어하고 있던 영국 – 인도군 4개 사단을 곤경에 빠뜨렸다.

*감제고지(瞰制高地): 〈군사〉 적의 활동을 살필 수 있는, 주변이 두루 내려다보이는 고지

처칠 영국 수상은 급히 지중해 전장의 수송기, 작전기 79대를 지원 보내 임팔의 영국 공군을 67개 중대, 작전비행기 850대로 늘렸다. 그들은 재빨리 증원군을 임팔 주위로 공수하고 동시에 일본군에 대한 공습을 강화해 지상부대 전투를 지원함으로써 영국 – 인도군의 군사력을 강화시켰다.

한편 영국 – 인도군 제14집단군 슬림 사령관은 미국을 통해 중국 부대를 윈난에서 버마 북쪽으로 출병시켜 적을 견제해줄 것을 요구하고, 슈나스의 제4군단에는 임팔 남부 일본군 격퇴를, 스톱퍼드 제33군단에는 코히마 탈환을 명령했다.

4월 10일, 스톱퍼드 부대는 코히마를 향해 반격을 개시했다. 영국군 전투기와 폭격기는 일본군 진지를 무차별 공격해 강력한 공군력을 발휘했다.

적군의 매서운 공세에 사토 부대는 야간 진격으로 전술을 바꾸었다. 일본군은 여전히 6.4km 길이의 울창한 밀림 속에서 주변이 훤히 내려다보이는 산등허리를 차지하고 깊게 구축한 방공호 진지를 사수했다. 영국 – 인도군은 전차, 평사포와 대나무에 매단 폭약으로 일본군 벙커를 폭파시켰고, 일본군은 막대한 사장자를 냈다.

사토는 코히마에서 밀려난 후 전군의 괴멸을 피하기 위해 버마로의 철수를 결정했다. 출발 전에 이미 만약 4월 중순이 되어서도 여전히 식량과 탄약 보충을 받지 못하면 철수해도 된다는 상부의 약속을 받아냈기 때문이었다.

그러나 인도국민군 장성 보스는 사토의 결정에 불만을 가졌다. 그는 일본군이 고의적으로 임팔 공격에 실패함으로써 인도가 영국의 통치를 벗어날 수 없게 했다고 여겼다. 무타구치 군단장 역시 격분하여 사토를 해임시켰다.

일본군 내부의 갈등은 영국 – 인도군에게 시간을 벌어주었다. 슬림 장군은 신속하게 철도와 항공으로 증원군을 수송해 임팔 영국 – 인도 수비군은 12만 명으로 증가했으며, 임팔 주위에 겹겹의 방어선을 구축했다.

4월 중순, 일본군은 야나기다 제33사단과 야마우치 제15사단을 주력으로 각기 북쪽, 동북쪽, 동쪽, 남쪽에서 임팔을 총공격했다. 순식간에 부대, 전차, 화포, 군용차가 각 도로를 따라 사방팔방에서 임팔로 물밀 듯이 몰려들었다.

스톱퍼드는 3개 영국 - 인도사단을 지휘해 북쪽에서 일본군을 요격했다. 우선 우크룰 도로에서 일본군 1개 종대를 물리쳤으나, 일본군은 쌍봉산의 두 산봉우리를 점령하고 견고한 벙커를 구축해 영국군의 주요 비행장을 감시했다.

영국군은 폭격기로 두 산봉우리를 융단 폭격했다. 영국 - 인도군은 또 캡스턴으로 전차를 산으로 끌어올려와 벙커를 조준 사격했다. 보병들이 죽음을 무릅쓰고 용감하게 돌격해 끝내 두 산봉우리를 탈환했고, 진지를 사수하던 일본군은 전부 전사했다.

스톱퍼드는 부대에 재빨리 북쪽 이릴 협곡 일대로 이동해 그곳의 일본군을 협공하라고 명령했다. 전투가 시작되고 얼마 안 돼 일본군이 이릴 협곡과 코히마 도로 사이 산봉우리를 점령했고, 5월 7일이 돼서야 영국 – 인도군은 일본군을 격퇴했다.

동쪽 프라이어 도로에서 일본군 제15군단 무타구치 군단장은 산 어귀를 돌파구로 전차와 중포를 집중 포격해 영국 – 인도군 진지로 파고들라고 명령했다.

남쪽을 지키고 있던 영국 – 인도군 제4군단의 슈나스 군단장은 급히 소속부대를 이동시켜 증원했으며, 필사의 쟁탈전을 거쳐 빼앗겼던 진지를 끝내 탈환했다.

남쪽의 테딤 도로 연선과 서쪽 샛길 일대에서 야나기다 제33사단이 야간습격으로 2.5km 에 이르는 깊은 산골짜기에 걸쳐져 있는 90m 길이의 출렁다리를 폭파시켜 영국 – 인도군 제4군단의 주요 보급선을 끊어놓았다.

비슈누퍼 지역에서 야나기다는 제33사단의 모든 병력과 무기를 투입하고 많은 제로기를
출동시켜 공격했는데 전투는 밤낮으로 진행됐다.

슬림 장군은 급히 부대를 이동시켜 지원했고 슈나스에게 반드시 방어선을 지켜야 한다고
명령했다. 40일 동안 격전을 벌였지만 한 발짝도 나가지 못한 일본군 제33사단은 전체 병
력의 70퍼센트 이상을 잃었다. 항복한 일본군 증언에 따르면 일본군 제33사단 선봉연대 3
천 명 가운데 2천여 명이 전사했다.

5월 15일, 임팔 남·북에서 일본군의 공격을 저지하던 영국 - 인도군이 반격하기 시작했다. 남쪽 영국 - 인도군 제17사단은 일본군 제33사단의 후방으로 파고들어 테딤 도로 위에서 일본군 제15사단과 격전을 벌였다. 야마우치 사단장은 모든 부대를 동원해 저항했으나 결국 참패했다.

6월 13일, 북쪽 영국 - 인도군은 우크룰 도로와 이릴 협곡 일대에서 작전부대를 뒤따라 다니던 일본군 수송대를 막아 일본군의 주요 보급선을 봉쇄했다. 식량과 탄약이 모두 떨어진 일본군은 결국 철수해야만 했다.

코히마에 있던 영국 - 인도군은 산봉우리에 은폐된 일본군 벙커들을 처리하는 데 힘을 쏟았다. 영국 - 인도군은 폭약 포대를 작대기에 매달아 벙커에 밀어 넣은 후 화염분사기로 그 안에 불을 질러 하나하나 제거했다. 일본군은 어쩔 수 없이 철수했다.

일본군은 남북 양쪽에서 모두 패배한 데다 공중 지원이 부족했으므로 전투력을 잃고 산악지대인 우크룰로 철수했다. 우크룰은 영국 - 인도군이 공세를 펼칠 마지막 거점이 됐다.

6월 22일, 영국 – 인도군은 우크룰을 향해 대규모 강공을 펼치고 일본군 제15사단, 인도국
민군 1개 여단 및 남북 양쪽에서 철수한 몇 갈래 일본군을 포위했다. 포위된 일본군은 기
근과 질병으로 수백, 수천 명씩 죽어갔고, 아직 포위되지 않은 일본군도 풀뿌리, 죽순, 달팽
이, 도룡뇽 등을 먹으며 겨우 연명했다.

일본군 제15군단 3개 사단의 사단장들은 무타구치 군단장에게 철수를 요구했으나, 무타구
치는 공격 명령을 지연시킨 야나기다 제33사단장을 해임하고 계속 공격하라고 명령했다.
야마우치 제15사단 사단장은 병에 걸려 스스로 교체를 원했고, 제31사단 사토 사단장은
이미 면직됐다. 일본군은 더 이상 전투를 지속할 수 없었다.

하타 히코사브로오(秦烟彦三郎) 일본군 제15군단 육군 참모장은 전선 시찰 후 도쿄 최고사령부에 이번 전투의 성공 가능성은 거의 없다고 보고했다. 그러나 도조 히데키 일본 수상은 하타를 실패주의자라고 비난했다. 일본군은 임팔 전투에 승리해 태평양 마샬 제도에서의 실패를 만회하려 했지만 결과는 암담했다.

진퇴양난의 상황에서 무타구치는 버마방면군 사령관 가와베 쇼산 대장에게 철수할 것을 요구했고, 가와베 대장은 또 남방방면군 총사령관 데라우치 히사이치 원수에게 임팔 공격 중지 명령을 내려달라고 요청했다. 7월 9일, 데라우치 히사이치는 이에 동의하고 철수 명령을 내렸다.

무타구치는 일본군 제15군단 잔존 부대를 이끌고 철수하기 시작했다. 우기였던 때라 홍수
가 났고 식량이 부족한 데다 역병까지 유행했다. 걸을 수 없는 부상병들은 사령부가 '영광
스럽게' 죽으라고 내놓는 수류탄에 한데 모여 함께 폭사했다. 일본군 패잔병들은 밀림의
진흙탕 속을 행군했고 수많은 병사가 철수하는 도중에 죽어갔다.

일본군은 천신만고 끝에 높은 물결이 일렁거리는 친드윈 강 기슭에 도착했으나 강물이 너
무 불어 건너기가 어려웠다. 또한 영국 - 인도군 슬림 장군의 부대가 바싹 추격해오고 있었
는데 대포 소리가 천지를 뒤흔들었다. 일본군은 몇 주일 동안 전투를 치르면서 또 수천 명
이 목숨을 잃었다.

임팔 전투에 참전한 10여만 일본군 가운데 7만 3천여 명이 전사했고, 오직 2만여 명만이 친드윈 강 동쪽 기슭으로 철수했다. 살아남은 병사도 모두 영양실조 때문에 질병에 허덕였다. 무기, 군수품의 손실은 더욱 심했는데 일부 사단은 보총 몇백 자루와 대포 열몇 문, 자동차 수십 대만 남았다.

일본군 제15군단 무타구치 군단장 및 참모장 그리고 버마방면군 사령관 가와베 쇼산 대장 및 참모장 모두 면직됐다. 4개월 동안 지속된 임팔 전투는 일본군의 참패로 막을 내렸다. 이후부터 일본군의 버마에 대한 점령은 급속도로 붕괴됐다.

1944년 10월, 연합군은 필리핀 전역을 발동했다. 연합군은 먼저 필리핀 중부의 레이테 섬을 공격하기로 했는데, 이는 일본과 동인도 제도의 해상 석유 공급로를 차단하고 일본군을 갈라놓으며 해군·공군 및 후방의 기지를 마련하기 위해서였다. 일본군은 전쟁에서 가장 중요한 '생명선'이라 불리는 해로를 확보하기 위해 연합군과 해상에서 치열한 결전을 벌임으로써 연합군의 태평양함대를 섬멸하고 전세를 만회하려 했다. 양측이 필리핀 해역에서 일주일 가까이 세계 최대 해전인 레이테 만 해전을 치른 결과, 미군을 주력으로 한 연합군은 레이테 만 상륙에 성공해 일본 해군·공군에 치명적인 타격을 입혔고 일본 제국주의의 멸망을 가속화했다.

글·자오리성(趙力生)
그림·후위안춘(胡遠駿)·가오딩(高丁)

그림으로 읽는 제2차 세계대전 ⑨
일본의 남방 작전과 태평양 전역 2

레이테 만 대해전

2

1944년, 세계 반파시즘 역량과 연합국의 군사력은 더욱더 강력해졌고, 전 세계 각 전선에서 대대적인 반격에 나서 파시즘 추축국에 커다란 타격을 주었다.

태평양 전장에서 연합군 태평양 작전구역 총사령관 니미츠 해군 상장은 아일랜드 호핑 전술로 마샬 제도 및 일본군이 견고하게 방어하고 있던 콰잘렌 섬과 에니위톡 섬을 연이어 점령해 태평양 정면에서의 일본군 외곽 방어선을 돌파했다.

같은 해 7월 9일, 미군은 태평양 전장의 전략적 요충지인 마리아나 제도의 사이판 섬을 공격해 일본 수비군 3만여 명을 섬멸하고 일본을 중태평양 지역에서 쫓아냈는데, 이로써 일본과 동인도 제도 사이의 석유 해상 공급로가 위협받게 됐다.

이와 동시에 서남태평양 작전구역 연합군은 맥아더 총사령관의 지휘 아래 수세에서 공세로 전환해 뉴기니 섬 및 첸드라와시 만에서 중요한 전략적 의의가 있는 비아크 섬을 점령함으로써 필리핀으로 진격할 통로를 열어놓았다.

일본군의 공격 작전이 여러 번 실패함에 따라 일본 파시즘 통치 집단 내부에 갈등이 생겼고, 급기야 A급 전범 일본 수상 겸 육군 대신 겸 총참모장인 도조 히데키가 실각했다.

7월 27일, 하루빨리 파시즘을 물리치기 위해 루스벨트 미국 대통령은 진주만에서 중태평양 작전구역 니미츠 총사령관과 서남태평양 작전구역 맥아더 총사령관을 불러 군사회의를 열고 작전을 논의했다.

루스벨트 대통령은 대형 태평양 지도를 가리키며 맥아더에게 물었다. "더글러스, 당신은 우리가 여기에서 어디를 공격해야 한다고 생각하오?" 맥아더는 지도를 가리키며 대답했다. "먼저 레이테, 그다음 루손입니다. 대통령 각하!"

맥아더는 필리핀 공격의 전략적 의의를 역설했다. 레이테를 점령하면 필리핀 일본군을 분리 및 각개 격파가 가능해지고, 해군·공군과 후방의 기지를 확보할 수 있으며, 더욱 중요한 것은 일본군과 동인도 제도 사이 석유 해상 통로를 차단할 수 있다는 것이었다.

니미츠 장군은 직접 타이완을 공격하자던 자신의 주장을 접고 먼저 필리핀을 해방하는 데 동의했다. 회의에서는 미군을 주력으로 같은 해 12월 20일에 작전을 실행하기로 결정했다.

일본군 본부는 미군이 필리핀을 공격하려는 것에 대해 불안감을 느꼈다. 자신들이 동남아의 전략적 자원을 수탈해 전쟁을 유지하고 있는 만큼 필리핀을 잃는다는 것은 곧 전쟁에서의 패배를 의미하는 것임을 잘 알고 있었다.

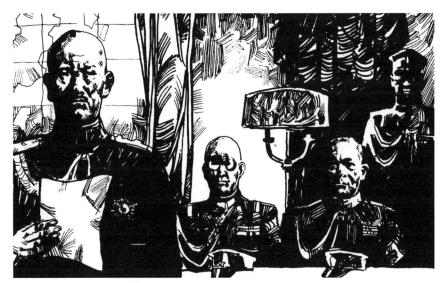

그리하여 일본 군부는 '첩(捷)1호' 작전 계획을 수립하고 필리핀 전장에서 연합군과 육상,
해상에서 치르는 마지막 승부를 가르기로 했다.

'첩1호' 계획에 따라 육상에서는 말라야 공격 당시 혁혁한 전공을 세운 '말라야의 범' 야마
시타 도모유키(山下奉文) 대장을 필리핀 주둔군 제14방면군 사령관으로 전직시키고 무토
아키라(武藤章) 중장을 참모장으로 임명했다.

해상에서는 일본 해군 총사령관 도요타(豐田) 대장이 미군 상륙 지점을 알아낸 후, 일본 항공모함 1대를 미끼로 미군 함대를 유인해 북상하게 한 다음 일본군 2개 함대가 견제 및 협공해 섬멸하기로 했다.

그리고 야마시타 소속부대는 반드시 미군 상륙부대를 섬멸해야 하는 것이 계획이었다. 군사회의에서 도요타가 '첩1호' 작전 계획을 하달한 후 자리에 있던 장군들은 모두 고개를 끄덕여 동의했다.

연합군이 레이테 전투에서 승리를 거두는 데 있어 관건은 필리핀의 제공권을 장악하는 것
이었다. 이 때문에 9월 초, 니미츠 장군은 항공모함 18척을 필두로 전함 백여 척으로 구성
된 미 해군 홀시 상장이 이끄는 제3함대를 서남태평양으로 이동시켜 일본군을 타격하는
항공 역량으로 삼았다.

9월 12일과 13일, 홀시는 함재기를 2천4백여 차례 출동시켜 필리핀 일본 공군을 대규모로
습격했으며, 치열한 공중전을 통해 일본 비행기를 5백 대 가까이 격추시키거나 완파했고,
비행장 시설을 파괴해 일본군의 공군 역량에 심각한 타격을 주었다.

홀시는 적을 공격하던 중 레이테 섬의 일본군 방어력이 매우 취약한 것을 보고, 즉시 니미츠에게 긴급 전보로 민다나오 섬 작전 등 중간 단계를 없애고 곧장 레이테를 탈취해 전쟁 기간을 단축하자고 건의했다.

맥아더는 미 3군 참모장연석회의에서 원래 계획보다 2개월 앞당긴 10월 20일에 레이테 전역을 발동하는 데 동의했다고 답전했다.

9월 21일, 수없이 많은 미군 함재기들이 다시 필리핀에 강력한 공세를 펼치며 마닐라를 맹공격했다. 클라크 부근 비행장 활주로를 파괴하고 일본 비행기 2백여 대를 폭파했는데, 이즈음 필리핀 일본 공군은 거의 전멸하다시피 했다.

곧이어 제3함대가 북상했다. 10월 10일, 미군 비행기는 1천4백여 차례나 출동해 오키나와 섬을 습격함으로써 일본 비행기 백여 대를 파괴하고 항구 내 많은 함선을 격침시켰다.

이튿날, 제3함대 함재기는 필리핀 루손 섬에 있는 일본군을 폭격했고, 10월 12일 이른 아침, 타이완에 있는 일본 공군을 습격했다.

일본 타이완 제6기지 항공사령관 후쿠도메 시게루(福留繁) 중장은 급히 비행기 230대를 출동시켰고, 양측은 타이완 상공에서 치열한 공중전을 벌였다.

맑은 하늘에서 비행기들이 서로 추격하며 불빛이 번쩍번쩍, 포 소리가 쿵쾅쿵쾅 하늘을 울리고, 적중된 비행기들은 꼬리로 검은 연기를 뿜으며 바다로 내리꽂혔다. 처음에 미군 비행기가 추락할 때마다 후쿠도메 시게루는 득의양양해 박수를 치며 연신 "잘했다! 잘했어! 대성공이야!"를 외쳤다.

그러나 미군 비행기들은 완벽한 대형을 이루며 계속 날아왔고 하늘에선 일본 비행기가 격추되기 시작했다. 처음에 격추된 미군 비행기는 모두 공중전 경험이 부족한 새내기 조종사였다. 본격적인 공중전이 시작되자 후쿠도메 시게루에게는 출동시킬 비행기와 조종사가 없었다.

미국 공군은 타이완을 3일간 습격해 일본 비행기 5백여 대를 격추시켜 타이완 일본 공군은 거의 전멸되다시피 했다. 14일 황혼 무렵, 격분한 일본군은 야전 폭격기 30여 대를 출동시켰고, 폭격기들은 해면에 거의 닿을 정도로 낮게 날아 미군 항공모함 함대로 향했다.

일본 비행기 3대가 미군의 공격과 함선 위 방공 화력망을 뚫고 미군 항공모함 프랭클린호와 중순양함 캔버라호에 타격을 가했다. 미군은 부득이하게 파손된 함선을 끌고 전장에서 철수했다.

이튿날, 일본군은 또다시 비행기 백여 대를 출동시켜 미군 함대를 추격했다. 미군 함대는 습격하러 온 일본 비행기 다수를 격추시켰고, 그 가운데 경순양함 스턴호가 어뢰에 명중돼 심각하게 파손됐다.

약 1개월 동안 이어진 공중전에서 미군은 일본 비행기 1천2백여 대를 격추시켜 일본의 필리핀 공군력에 치명적인 타격을 주었으며, 필리핀 지역의 제공권을 장악함으로써 레이테 전역을 위한 유리한 조건을 마련했다.

그 시각, 일본 도쿄에서는 히비야 공원에서 미군 항공모함 11척과 전함 2척을 격침시켰다고 축제를 열면서 이것으로 일본 공군의 참패를 덮으려 했다.

10월 17일, 필리핀 상공에 태풍이 휘몰아치고 있었다. 새벽녘, 미군 전함 10여 척의 포화 엄호 속에 1개 보병돌격대대의 상륙정이 풍랑을 뚫고 레이테 만 입구 술루안 섬에 상륙했다. 그들은 섬의 일본 수비군을 소탕한 후 양쪽의 자그마한 섬 호몬혼과 디나가트를 점령하고 섬에 함대 공격 표지등을 설치했다.

연합군이 곧 레이테 섬 공격을 시작하려는 움직임을 보이자 일본 군부는 공포감에 휩싸여 즉시 '첩1호' 작전 계획 실행을 명령했다. 일체 출동할 수 있는 모든 함선을 '결전'에 참여시켜 일거에 연합군 태평양함대를 섬멸함으로써 전세를 만회하려 했다.

10월 19일 밤, 칠흑같이 어두운 가운데 미군 병력 20여만 명은 제3·7 함대의 군함 3백여 척의 호위를 받으며 수송선 4백여 척에 나누어 타고 점차 약해지는 태풍을 거슬러 레이테 섬 밖의 해상에 모였다.

20일 동틀 무렵, 호송함대는 해안가 일본군 진지를 맹포격하기 시작했고 요란한 포 소리와 폭발음이 울리는 가운데 해안 전체는 불바다가 됐다. 태평양 전장에서의 가장 규모가 큰 상륙 작전이 시작된 것이다.

미군 10여만 명은 일본군의 맹렬한 포화를 뚫고 상륙정에서 무리 지어 기슭으로 돌진해 재빨리 견고한 교두보 진지를 구축했다.

미군 상륙부대는 전차와 포화의 지원 아래 시멘트 진지를 하나하나 폭파해 일본군의 고리형 방어선을 돌파하고, 남북에서 두 갈래로 나누어 레이테 섬 종심(縱深)으로 파고들었다.

이날 아침, 동인도 제도 즈바라에서 참모장으로 전임해오던 무토 아키라는 마닐라 비행장에 내리자마자 미군의 맹렬한 공습에 맞닥뜨렸다. 무토 아키라는 황군(皇軍) 장군의 위엄도 버린 채 황급히 비행장 활주로 옆 배수로로 기어들어가 겨우 목숨을 건졌다.

이튿날, 신속하게 앞으로 진격한 미군 상륙부대는 레이테 섬의 주도인 타클로반을 점령하고 주위의 남은 적군을 제거했다.

10월 22일, 미군과 함께 레이테에 돌아온 오스메냐 필리핀 대통령은 레이테 주 의회 건물 앞에서 군중대회를 열고 연합군의 일본군 공격을 지원해 함께 필리핀 전체를 해방시키자고 호소했다.

그 시각, 레이테 병력 수송선을 호송하는 1개 전투함 무리를 제외한 일본 해군 4개 전투함 무리는 '첩1호' 작전 계획에 따라 세 갈래로 나누어 미군과의 결사전을 위해 황급히 레이테 만으로 향했다.

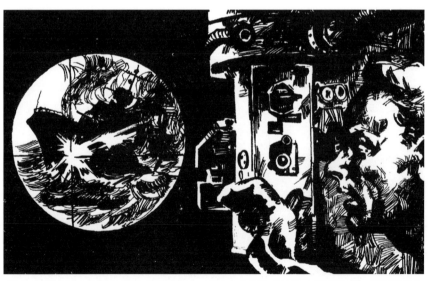

병력 수송선을 호송하던 일본 함선 무리는 브루나이에서 마닐라로 향하던 중, 미군 정찰잠 수정에 발견됐다. 미군 잠수정이 즉시 어뢰를 발사해 공격했고 일본군 경순양함 아오바호 가 명중돼 큰 손상을 당했다.

가장 큰 위협이 되는 미군 제3함대를 유인해 레이테 만에서 북상시키기 위해 일본 해군은
미끼로 오자와(小澤) 해군 중장이 이끄는 기동함대를 일본에서 남하시켰다.

오자와 함대는 겉으론 강해 보이지만 사실 빈껍데기에 불과했는데, 항공모함 4척, 비행갑
판이 있는 전함 2척, 기타 함선 10여 척과 비행기 108대로 구성됐으며, 대다수 조종사가
전투 경험이 부족해 전투력이 약했다.

오자와 함대는 출항하자마자 무전선 관제를 해제하고 짙은 연기를 내뿜어 상대방의 주의를 끌려 했다. 그러나 이는 미군 쾌속항공모함 편대 사령관 홀시 상장의 주의를 끌지 못했고, 오자와는 할 수 없이 비행기 56대를 파견해 홀시 함대를 공격했다.

홀시 함대는 오자와 함대가 발송한 무전도, 이 함대의 위치도 발견하지 못하고 있다가 갑자기 일본 비행기 수십 대가 습격해오자 즉시 함재기를 출격시켜 적과 치열한 공중전을 펼쳤다.

그 시각, 일본군 구리타(栗田), 니시무라(西村) 두 주력함대는 조용히 브루나이에서 출항, 구리타는 북쪽으로 샌버너디노 해협을 가로지르고 니시무라는 남쪽의 수리가오 해협으로 가 펑후(澎湖)에서 오는 시미 함대와 합류한 후, 두 함대는 각각 남북에서 레이테 만을 협공해 상륙한 미군을 단번에 소탕하려 했다.

23일 새벽, 레이테 만의 북쪽 주공격을 맡은 세계에서 가장 큰 일본 대형 전함 야마토호와 무사시호를 보유한 구리타 함대가 레이테 만을 향해 전속력으로 항진했다.

배수량이 7만 톤에 달하는 야마토호와 무사시호 전함은 각기 18인치 주포 9문과 기타 화포 백여 문이 설치됐고, 배수량과 주포 구경 및 함선 전체 화력은 세계에서 유일무이했으며, 선체 갑판도 탑식으로 돼 격침하기 어려워 '일본 해군의 자존심'이라 불렸다.

레이테 만으로 항진 중이던 구리타 함대는 필리핀 팔라완 섬 외해에서 정찰·경계 임무를 맡고 있던 잠수정 다터호와 데이스호에 의해 발견됐다.

다터호 잠수정은 선두에 선 중순양함 아타호를 조준해 모든 어뢰를 발사했는데 격렬한 폭발에 이어 구리타의 기함은 즉시 바닷속으로 가라앉았다. 중순양함 타카오호도 크게 파손돼 움직일 수 없었다. 구리타와 참모장 고야나기(小柳) 소장은 황급히 다른 수병들과 함께 구명보트로 뛰어내려 인근 군함으로 도망쳤다.

데이스호 잠수정은 중순양함 마야호를 조준해 모든 어뢰를 발사했고 맹렬한 폭발음과 함께 마야호도 수면에서 사라졌다.

일본 해군이 레이테 만을 기습하려던 시도는 실패했다. 간절한 마음으로 '결사전'을 원했던 구리타는 시작이 순조롭지 않음에도 불구하고 침몰한 기함에서 대형 전함 야마토호로 갈아탄 후 여전히 시부얀 해를 가로질러 계속 샌버너디노 해협으로 전진하라고 명령했다.

구리타의 목적지를 알아내기 위해 다터호와 데이스호는 비밀리에 구리타 함대를 뒤따르며 구리타에 대한 정보를 미군 제3 · 7 함대에 알렸다.

24일 새벽, 시부얀 해에 들어선 구리타 함대는 홀시의 정찰기에 발각돼 쫓기게 됐다. 구리타는 황급히 마닐라 일본군에 비행기를 파견해 엄호해줄 것을 요구했다.

그 시각, 일본군은 필리핀에 남아 있는 공군 비행기 180대를 모두 미군 제3함대를 습격하는 데 파견했다. 구리타의 긴급 요청을 받은 기지 사령관은 기지에는 이미 비행기가 없으므로 효과적인 공중 엄호를 해줄 수 없다는 답전을 보내왔다.

미군 제3함대는 습격하러 온 일본 비행기와 치열한 공중전을 벌여 거의 모든 일본 비행기를 격추시켰다. 미 항공모함 프린스턴호가 폭탄에 명중돼 침몰했고, 순양함 버밍엄호도 심한 파손을 당해 전장에서 물러났다.

홀시는 정찰기가 시부얀 해에서 구리타 함대를 발견했다는 소식을 듣고 즉시 무전으로 부하들에게 전투 명령을 내렸다. "공격! 다시 한 번 말한다, 공격! 잘 싸워주길 바란다!"

홀시의 항공모함에서 발진한 전투기, 급강하폭격기, 뇌격기 수십 대는 즉시 구리타 함대를 향해 날아갔다. 일본 함선 위 거포가 일제히 불을 뿜으며 빈틈없는 화력망을 이루어 미군 비행기의 공격을 저지했다.

미군 비행기 조종사는 용감하게 일본 함선의 밀집한 방공 화력망을 뚫고 야마토호와 무사시호를 향해 융단 폭격을 가했다.

'침몰시킬 수 없는 전함'이라 일컬어졌던 무사시호는 미군 비행기의 연속 공격으로 선체가 기울기 시작했고, 갑판 위에는 형체를 알아보기 어려운 병사들의 시체가 가득 널려 있었다.

야마토호 역시 만신창이가 됐으며, 곤경에 처한 구리타는 전군 괴멸을 피하기 위해 급히 무사시호를 버리라고 명령하고 남은 부대를 이끌고 방향을 바꿔 서쪽으로 도망쳤다.

황혼 무렵, 무사시호의 선체가 왼쪽으로 구르더니 완전히 전복돼 어뢰에 뚫린 커다란 구멍을 드러냈다. 살아남은 일본군 수병들은 부상에도 불구하고 바닷물에 뛰어들거나 일부는 배 밑 용골(龍骨)에 기어올라 목숨을 건졌다.

황혼의 끝자락에 이 초대형 거함은 선미를 수면 위로 높이 쳐들더니 곧 바다 속으로 사라졌다. 다행히 목숨을 부지한 일본군 수병들은 기름이 둥둥 뜬 수면 위에서 허덕였다.

오자와의 기동함대는 홀시를 유인해 레이테 바다에서 끌어내기 위해 주의를 끌며 계속 남하했다. 24일 저녁 무렵, 홀시의 정찰기가 마침내 이 '미끼'를 발견했다.

홀시는 계략에 걸려들었고 오자와는 급히 구리타에게 미군 항공모함대가 북쪽으로 유인당해 자신과 교전하고 있으니 이 틈을 타 샌버너디노 해협을 통과해 레이테 섬을 습격하라고 알렸다. 그러나 구리타는 이 무전을 받지 못했다.

홀시는 구리타 함대가 이미 철저히 격파돼 더는 레이테 섬을 습격할 수 없다고 여겼다. 반면 오자와 함대 항공모함의 비행기는 금후 전투에 위험을 초래할 수 있다고 보아 전속력으로 적의 함대를 추격하라고 명령했다. 홀시 함대의 대규모 함재기가 오자와 함대를 교대로 공격하며 바싹 뒤쫓았고 양측은 치열하게 교전했다.

10월 24일, 홀시가 전력으로 북상할 때, 일본군 니시무라 함대와 시미 함대는 계획대로 각자의 기지에서 수리가오 해협으로 가 집결한 후 남쪽에서 레이테 만을 공격해 서북쪽에서 공격하는 구리타와 함께 협공태세를 이루려 했다.

어슴푸레한 밤기운 속에 싱가포르에서 출항해 먼저 도착한 니시무라 함대가 우선 좁은 수리가오 해협을 가로질러 무모하게 레이테 만에 진입하려 했다.

일본 함대는 대번에 미군의 표적이 됐으며, 만반의 준비를 하고 기다리던 제7함대는 즉시 폭풍우 같은 포화를 내뿜는 동시에 어뢰를 발사했다. 니시무라 함대의 구축함 1척이 침몰됐고 구축함 2척이 크게 파손돼 전투력을 상실했다.

니시무라의 기함 야마시로호도 어뢰에 명중됐다. 실패를 받아들일 수 없었던 니시무라는
반격 명령을 내렸고, 양측은 수리가오 해협 어구에서 치열한 야간 전투를 벌였다.

미 군함의 맹렬한 포화 공격으로 니시무라 함대 주력 전함 후소호는 두 동강이 나서 활활
타오르는 두 불무더기가 밤하늘을 붉게 물들였다. 선체 일부가 파괴된 구축함 미치시오호
도 폭발과 함께 바다 밑으로 가라앉았다.

여전히 포기하지 않은 니시무라는 전함 야마시로호, 중순양함 모가미호, 구축함 시그레호 등과 함께 포화를 무릅쓰고 계속 전진해 무모하게 레이테 만으로 진격하려 했다.

미군 제7함대는 남은 적군을 빈틈없이 포위했고 줄줄이 예광탄으로 짠 화력망이 일본 함선을 뒤덮었다. 전투력을 상실한 모가미호는 활활 타오르는 불길을 끌고 방향을 바꿔 도망쳤다.

야마시로호도 포탄에 명중돼 선체에 불이 타오르자 급히 방향을 바꿔 모가미호를 뒤쫓아 철수하려 했으나 죽음의 신은 야마시로호를 꽉 잡고 놓아주지 않았다. 결국 니시무라 함대 사령관과 수병들은 배와 함께 어둠이 뒤덮인 바닷속으로 가라앉고 말았다.

10월 25일, 일본 세토에서 출항한 시미 함대는 아직 해가 뜨지 않아 어둑어둑할 때 수리가오 해협에 도착했다. 그러나 수리가오 해협에 들어서자마자 미군 어뢰정대의 공격을 받아 순양함 아부쿠마호가 전투력을 상실했다.

시미 함대 사령관은 아부쿠마호를 버리고 계속 전진하라고 명령했다. 이때, 미군 제7함대의 공격에서 황급히 도망쳐 나오다가 항로를 잘못 들어선 모가미호가 시미 함대 기함 나티호 순양함과 맞닥뜨렸다. 그제야 시미는 앞쪽 니시무라 함대가 전멸된 것을 알게 됐다.

시미는 전진하면 죽는 길밖에 없음을 알고 급히 자신의 함대와 니시무라의 부대를 이끌고 방향을 돌려 도망치려 했고, 미군 함대는 승세를 몰아 계속 추격해 놓치지 않으려 했다. 날이 밝자, 미군 비행기가 시미 함대를 따라잡았고 모가미호는 미군 비행기의 공격에 끝내 침몰됐다. 이로써 일본군 남쪽 함대의 공격은 실패했다.

서남쪽으로 도망치던 구리타는 밤이 깊어져 연합군 비행기가 보이지 않자 또다시 샌버너디노 해협으로 방향을 돌렸다. 구리타 함대는 사마르 섬 동부 해상에 도착해 멀리서 상선을 고쳐 만든 미군 소형 항공모함의 돛대 4개를 보았다. 이는 미군 제7함대가 호송하는 데 사용하는 소형 항공모함인 태피 3이었다.

이런 소형 항공모함의 전투력이 약하다는 것을 잘 아는 구리타는 즉시 공격 명령을 내렸다. 각 함대는 맹렬한 포화로 미군 태피 3 함대를 향해 기습 공격을 가했고, 미군 함선은 뜻밖의 공격에 급히 연무를 내뿜으며 사령부에 북상한 홀시 함대가 되돌아와 증원해줄 것을 요청했다.

항공모함의 철수를 엄호하기 위해 태피 3 함대의 호송 구축함 3척은 적의 포화를 무릅쓰고 용감하게 일본 함선에 맞서 돌진해 치열한 포격전을 벌였다.

존스턴호 구축함은 인디언 에반스 함장의 지휘 아래 일본 함대 안으로 파고들어 한 번에 어뢰 10개를 발사해 일 중형 정찰함 구마노호 선체에 큰 손상을 입혀 전투를 할 수 없게 만들었다.

홀호 구축함도 존스턴호를 따라 뛰어들어 일본 함선을 향해 사격하는 한편 일본군 선두순양함 하구로호를 조준해 어뢰를 발사했다. 일본군 순양함 여러 척에 포위된 홀호는 화포와 어뢰로 용감하게 반격했으며, 40여 발의 포탄을 맞고 탄약고가 유폭돼 결국 침몰했다.

호송 구축함의 엄호 아래 태피 3 함대의 비행기도 즉시 출격해 화력망을 뚫고 일본 함선에 반격을 가했다. 포탄을 모두 투하한 미군 조종사는 다시 항공모함에 돌아와 포탄을 재장착한 후 출동했고, 일부 조종사는 포탄을 모두 투하한 후 급하강해 일본 비행기를 사격해 포탄 실은 비행기를 지원했다.

미군 구축함은 완강하게 구리타 함대를 잡고 놓지 않았으며, 비행기의 지원을 받아 구리타 함대의 대열을 흐트러뜨려 태피 3 함대가 끝내 구리타의 공격에서 벗어나 남쪽으로 철수할 수 있었다. 구리타는 멀어져가는 미 군함들을 바라보며 발만 동동 굴렀다.

전투가 끝나 회항하던 미군 태피 3 함대에 또다시 전투 경보가 울렸다. 잠깐 한숨을 돌린 미군 병사들은 급히 각자 전투 위치로 뛰어갔다.

하늘에는 일본군 제로기 9대가 나타났다. 이는 일본군이 급조한 가미카제 특공대로 무모한 자살 공격으로 미군 항공모함을 타격하려 했다. 제로기는 미군 전투 요격기의 저지를 뚫고 '태피 3' 함대 항공모함에 급하강했다.

태피 3 함대는 즉시 촘촘한 방공 화력으로 요격했다. 일본 비행기 중 일부는 공중에서 폭발하거나 일부는 짙은 연기를 뿜으며 함교를 스쳐지나 바다 속으로 곤두박질쳤다. 이들 비행기 중 1대가 "우르릉 꽝" 하는 소리와 함께 생로호 항공모함에 부딪쳤다. 생로호는 폭발과 함께 불이 일더니 천천히 가라앉기 시작했다.

이번 해군·공군전에서 태피 3 함대는 항공모함 2척, 구축함 3척 그리고 비행기 백여 대를 잃었다. 기타 함선은 크게 파손된 칼라닌만호 항공모함을 호위하며 남쪽의 보다 먼 안전 해역으로 철수했다.

그 시각, 승세를 몰아 북상해 오자와 함대를 추격하던 홀시 함대는 레이테 만 킨케이드 함대의 구조 요청 무전을 받았다. 홀시는 오자와 함대를 철저히 소탕할 수 있는 기회를 놓치기 싫어 자신은 계속 추격하고 대신 제4특별파견함대 사령관 미첼에게 항공모함 5척을 이끌고 킨케이드 함대를 지원하라고 명령했다.

구리타 함대는 그 시각 남쪽으로 철수하는 태피 3 함대와 지원하러 오는 태피 2 함대 함재기의 공격을 받고 있었다. 구리타는 갑자기 함대에 방향을 바꿔 레이테 만으로 쳐들어가라고 명령했다. 레이테 섬 항구에는 마침 수송선 수십 척뿐이었고 가까운 곳에 엄호하는 대형 함선이 없었다.

구리타는 즉시 공세를 퍼붓지 않고 흩어진 함선을 집결시켜 대형을 정리했다. 이때 구리타는 가로챈 적의 무전에서 북상한 홀시 함대가 다시 남하해 오고 있으며, 대규모의 미군 비행기가 레이테 섬에 착륙했다는 사실을 알게 됐다. 그러나 야마토호에는 이미 미군의 동향을 정찰할 정찰기가 없었다.

구리타는 지휘대에 서서 고민에 빠졌다. 남하하는 적의 함대가 만약 자신의 퇴로 중 반드시 통과해야 할 샌버너디노 해협을 봉쇄하면 어떻게 해야 하나? 미군 비행기가 레이테에 착륙했다는 것은 대규모의 군사 행동이 더 있다는 것을 의미하는 것인가? 눈앞의 미군 수송선을 습격하는 것이 얼마만큼의 가치가 있는가?

득실을 따지던 구리타는 심적으로 마치 미군이 사방에서 포위해오는 듯한 무형의 압력과 공포를 느꼈다. 구리타는 즉시 방향을 북쪽으로 돌려 전속력으로 철수하라는 명령을 내리고, 남은 부대를 이끌고 어둠 속을 더듬어 위험한 샌버너디노 해협을 통과해 도망쳤다.

북상한 일본군 오자와 함대는 미군 홀시 함재기의 공격을 연이어 받아 적잖은 비행기가
파괴됐다. 25일 오전, 홀시 함재기는 일본 함선의 방공 화력망을 뚫고 일본군 항공모함을
향해 융단 폭격하기 시작했다.

포탄과 어뢰가 계속 오자와 함대에 떨어져 오자와 함대는 연기가 자욱해졌고 수병들은 공
포에 떨며 혼란에 빠졌다. 일본군 치토세호 항공모함은 첫 공격의 폭발음과 함께 침몰되기
시작했다. 즈이카쿠호 항공모함 역시 어뢰에 명중돼 심하게 파손됐다.

첫 공격이 끝나자마자 곧이어 두 번째 공격이 시작됐다. 미군 비행기 36대가 밀집한 방공 화력망을 뚫고 지요다호 항공모함을 집중 공격했다. 폭탄이 끊임없이 지요다호 갑판에 떨어져 훨훨 타오르는 불길을 어쩌지 못한 일본군은 할 수 없이 이 함선을 포기하고 철수했다.

오후가 되어, 오자와 함대는 또다시 홀시 함재기의 습격을 받아 즈이카쿠호가 결국 격침됐다. 폭탄에 명중돼 불이 붙은 즈이호 항공모함의 함장은 급히 방향을 틀어 뒤로 철수했으나 미군 비행기에 추격당해 끝내 폭발과 함께 침몰됐다. 이로써 진주만 습격 이래 한동안 바다를 장악했던 일본 항공모함 함대가 전멸했다.

세계에서 가장 규모가 컸던 레이테 만 해전이 종결됐다. 이번 해전에서 연합군은 비교적 적은 희생으로 일본군 각종 전함 총 30만 톤을 격침하는 대승을 거두었다. 이때부터 일본 군 해군 · 공군 역량은 재기가 불가능해졌다.

레이테 만 해전 후, 연합군은 서남태평양 해상 교통을 통제하고 일본 파시즘이 전쟁을 유 지하는 해상 '생명선'을 차단해 다음 단계인 오키나와 섬 공격에 튼튼한 기초를 닦아 놓 았다.